Fredi, die kleine Maus im großen Haus

Impressum

Alleiniges Urheberrecht: Piet Schulz

Am Fuhrenkamp 13

27798 Hude

Deutschl

Illustration: Wenke Schulz

Mail: info@kunstundkerze.com

Erstausgabe erschienen im Juni 2024

ISBN: 9798327008014

Für Lenja, Paul und Lilli

Fredi, die kleine Maus im großen Haus

Band 1

1 - Fredi und Edward, das Eichhörnchen

2 - Anton, das Pferd

3 - Lila, das Kätzchen

4 - Oma Moni, die alte Wildschweindame

Geschichten von Piet Schulz

Mit Bildern von Wenke Schulz

1 - Fredi und Edward, das Eichhörnchen

In einem alten, verlassenen Wassermühlenhof, mitten im Sonnenwald, streckten sich zwei kleine Ärmchen unter einer bunt getupften Wolldecke hervor. Nach einem langen, kräftigen Gähnen wurde die Wolldecke zurückgeworfen und eine dunkelbraune Maus, mit großen Ohren und einer blauen Latzhose, setzte sich auf die Bettkante. Fredi blickte gespannt zum Fenster. Die ganze Welt war weiß. „Noch mehr Schnee!“, freute sich die kleine Maus und rannte zum Fenster hinüber. „Das wird ein schöner Tag. Ich denke, ich werde einen langen Spaziergang durch den verschneiten Wald machen.“

Nachdem die kleine Maus die Zähne geputzt und sich gewaschen hatte, tippelte sie vergnügt in die Küche des alten Mühlenhofs. Dort hatte sie sich vortrefflich eingerichtet und machte sich erstmal ein Frühstück. Ein gutes Frühstück, das war Fredi vollkommen klar, bestand aus einem Stück Apfel, etwas Brot und, am wichtigsten, einer Tasse Kakao. Im Ofen glimmten noch die Holzstücke vom Vorabend und so konnte er seinen Kakao auf dem Ofen noch aufwärmen.

„Hach“, seufzte die Maus zufrieden, „warm schmeckt der Kakao am besten.“

Als Fredi den letzten Schluck getrunken hatte, legte er sich seinen langen roten Schal um den Hals, zog sich die Bommelmütze über die Ohren und fuhr mit den Händen in seine roten Handschuhe. Draußen ließen die Sonnenstrahlen den Schnee glitzern und funkeln wie die schönsten Diamanten und Edelsteine. Fredi nahm einen tiefen Atemzug der klaren, kalten Luft auf und lauschte mit geschlossenen Augen dem Rauschen des kleinen Bachs, der vor einigen Jahren die Mühle angetrieben hatte.

Dann machte sich die kleine Maus aus dem großen Haus auf den Weg in den Wald. Fredi hatte beschlossen, seinen kleinen Handwagen mitzunehmen. „Wenn ich in den Wald gehe, kann ich ja auch mal schauen, ob ich noch ein paar leckere Tannenzapfen finde oder ein paar Äste für den Ofen.“ So zog er also seinen Wagen hinter sich her, als er gemütlich über den Waldweg spazierte. Und er hatte Glück. Wo der

Schnee nicht so hoch war, entdeckte er tatsächlich unter den Tannen ein paar Zapfen. Flink legte er sie in den Wagen und sammelte noch ein paar Äste ein. Nach einer Weile hatte er den Wagen fast voll und er merkte, dass es immer mühsamer wurde, mit dem Handwagen durch den Schnee zu kommen. „Puh, ich glaube, ich sollte langsam umkehren und wieder nach Hause fahren“, dachte sich die kleine Maus.

Doch genau in diesem Moment, hörte Fredi ein verzweifeltes Jammern. „Oh nein, oh nein, oh nein. Das darf nicht sein. Mein schönes Heim.“

Fredi spitzte die Ohren und nahm seine Mütze ab. Die Stimme klang wirklich verzweifelt und wer auch immer dort hinten im Wald weinte, brauchte Hilfe. Die kleine Maus ließ den Wagen auf dem Weg stehen und stapfte durch den Schnee. Als sie ein paar Meter weiter in den Wald kam, wurde aus dem Weinen ein Schniefen. Und zwei Fichten, eine Buche und ein paar Büsche später blickte Fredi um einen Eichenstamm herum auf ein Eichhörnchen, das mit hängenden Schultern vor seinem abgestürzten Kobel stand. „Hallo!“, rief Fredi dem Eichhörnchen freundlich zu. Doch es erschrak sofort und fiel nach hinten um. „Waaaa!“ Es dauerte einen kurzen Moment, ehe es sich aufrappelte und erkannte, dass eine kleine Maus hinter der Eiche hervorlugte. „Ich wollte dich nicht erschrecken“, beteuerte Fredi sofort. „Ich habe dich nur weinen hören und dachte, du benötigst vielleicht Hilfe.“ „Ist schon in Ordnung. Ich bekomme hier selten Besuch und ich bin auch im Allgemeinen eher recht schreckhaft.“ Das Eichhörnchen atmete tief durch und blickte auf seinen Kobel. „Und außerdem…“ Es schluckte einmal kräftig. „Außerdem wurde gerade mein Winterschlaf unterbrochen und mein Haus ist abgestürzt!“ Fredi konnte sehen, wie dem Eichhörnchen die Tränen in die Augen liefen und es hemmungslos zu weinen begann. Er lief zu dem puscheligen Tier herüber und nahm seine Hand. „Keine Angst, ich kann dir bestimmt helfen.“ Als das Eichhörnchen ihn fragend anblickte, nickte er ihm bekräftigend zu. „Ich bin übrigens Fredi.“ Mit der anderen Hand wischte sich das traurige Kerlchen die Tränen von der Wange. „Ich bin Edward, Edward Eichhorn von Hohentann…, zumindest war ich das bis heute Morgen noch. Jetzt bin ich nur noch Edward Eichhorn.“ Edward blickte traurig am Stamm der Tanne empor, wo zuvor noch sein Kobel hing. Dann schaute er Fredi erwartungsvoll an. „Kannst du mir wirklich helfen? Mein Nest muss da oben wieder rauf. Sonst werde ich bestimmt hier unten erfrieren oder vielleicht von einem Wolf gefressen!“ Die kleine Maus schaute nach oben in die Tanne.

„Puh. Also…hm…lass mich mal überlegen.“ Fredi wusste genau, dass die beiden den Kobel zu zweit nicht wieder bis in die Tannenspitze hochtragen konnten. Um etwas Zeit zum Überlegen zu bekommen, brummte er nachdenklich und starrte mit zusammengekniffenen Augen in den Wald. Und dann kam ihm tatsächlich eine Idee. „Edward, ich glaube, deinen Kobel bekommen wir nicht wieder in den Baum.“ Sofort hingen die Schultern des Eichhörnchens wieder nach unten und es blickte mit großen Augen auf die kleine Maus. „Aber, ich habe eine andere Idee.“ Fredi hob dabei den Zeigefinger. „Wie wäre es, wenn du mit zu mir kommst?“ Edward blickte ihn nun verwundert an und kniff ein Auge halb zu. „Ich weiß nicht so recht. Ich glaube nicht, dass wir beide in einem Mäuseloch genug Platz haben.“ Er kratzte sich dabei mit einem Finger am Kinn. Fredi winkte kichernd ab. „Ich wohne zwar in einem Mäuseloch, aber drum herum habe ich noch ein ganzes, großes Haus, wo kein anderer drin wohnt, außer mir.“ Jetzt riss das Eichhörnchen die Augen weit auf. „Du lebst in einem Menschenkobel?“ Fredi nickte. „Ganz allein, ja!“ „Ohhhh!“ Die kleine Maus sah, wie Edward begeistert nachdachte. Er blickte nach oben und schlug die Hände leise und schnell gegeneinander. „Ja!“, rief er plötzlich laut. „Gerne. Ich komme mit!“ „Na prima. Dann lass uns gehen.“ Fredi freute sich über die Entscheidung. Schließlich hatte er genug Platz und Edward schien ein netter Eichkater zu sein. „Äh, Fredi. Meinst du, wir könnten meinen Kobel irgendwie zu dir mitnehmen?“ Da brauchte die kleine Maus nicht lange überlegen. „Das sollten wir zu zweit schaffen. Ich habe einen kleinen Handwagen dabei. Wenn wir ihn da rauflegen und gemeinsam ziehen, kriegen wir den Käse gerollt.“ Edward sah ein wenig verwirrt aus, als er fragte: „Den Käse gerollt?“ Fredi stemmte die Hände in die Hüften: „Das sagt man so bei uns Mäusen.“

Und so zogen Fredi und Edward zusammen den schweren Karren durch den Schnee. Oben auf den Tannenzapfen und dem Holz lag der Kobel des jetzt wieder glücklichen Eichhörnchens. Sie liefen den Waldweg entlang und bogen nach einer Weile nach links ab in Richtung des Mühlenhofs. Unterwegs erzählte Edward noch, dass er ein hervorragender Polsterer sei. „Ein Polsterer? Was macht denn ein Polsterer?“ Das Eichhörnchen streckte den Rücken durch und die Brust raus, als es Fredi fragend ansah. „Du weißt nicht, was ein Polsterer ist?“ Die kleine Maus spürte, dass Edward glücklich war, jemanden gefunden zu haben, dem er von seiner besonderen Fähigkeit berichten konnte. „Nein, erzähle es mir.“ Edward sog die Luft tief ein, ehe er anfing. „Ein Polsterer ist ein ganz wichtiges Eichhörnchen, das zuständig ist für Gemütlichkeit und Weichheit. Ein gutes Nest, muss gepolstert sein. Man muss sich darin wohlfühlen. Sonst ist es kein gutes Nest.“ Fredi nickte. „Weich und gemütlich ist wichtig. Das stimmt.“ „Eben!“, bekräftigte Edward. „Und darin, bin ich ein wahrer Meister. Ich bin der Meister der Gemütlichkeit. Wenn Du denkst, dein Bett oder dein Kissen ist nicht weich genug..., dann überlass es mir. Ich verspreche dir, du wirst begeistert sein." Die kleine Maus lächelte. „Das erklärt auch, warum du dich, als dein Kobel abgestürzt ist, kein bisschen verletzt hast." Wieder stimmte das Eichhörnchen zu. „Ganz genau. Rundherum habe ich mein Nest mit Blättern und Federn ausgepolstert. Deswegen wollte ich ja auch, dass wir es mitnehmen." Er grinste breit und zufrieden und so zogen der Eichkater und die kleine Maus mit dem Handwagen weiter, bis sie endlich den Mühlenhof erreichten.

Edward war sofort begeistert, als er den Hof sah. Ein Mühlenhaus am Bach, ein Stall auf der einen Seite, dem gegenüber ein großes Wohnhaus und dazwischen noch ein kleines Haus, das wohl eine Art Werkstatt war. Hier und da fehlte ein Stück von den Dächern und die eine oder andere Tür hing schief oder war ganz herausgefallen, aber alles in allem war es wunderschön hier. Fredi schob die Tür vom Wohnhaus ein Stück auf. „Hereinspaziert!" Zusammen zogen sie den Wagen auf die Diele und Fredi machte die Tür wieder zu. „Hier wohnten wohl auch mal Tiere?“, fragte Edward, als er mehrere Stallboxen erkannte. „Bestimmt“, sagte Fredi. „Aber komm erst einmal mit. Ich glaube ich habe schon eine Idee, wo wir deinen Kobel

hineinsetzen können." Die beiden trugen das Nest des Eichhörnchens über die Diele bis in das große Schlafzimmer, wo auch Fredi sein Bettchen hatte. „Hier schlafe ich, und wenn du möchtest, dann kannst du gerne da schlafen." Er zeigte auf einen kleinen Schrank, dessen drei Schubladen offen standen. Edwards Augen weiteten sich. Er rannte zu dem Schrank und sprang eine Schublade nach der anderen hoch bis er in der obersten Schublade angekommen war. „Mein Kobel passt hier absolut perfekt rein!", jubelte er. Zusammen hoben sie das Nest eine Schublade nach der anderen hoch. Als der Kobel oben angekommen war, sprang Edward hinein, rollte sich zusammen und seufzte erleichtert. „Danke, Fredi! Jetzt fühle ich mich wieder wohl." Die kleine Maus freute sich. „Ich helfe doch gern. Und außerdem freue ich mich auch. Jetzt habe ich jemanden im Haus, mit dem ich zusammen in der Küche sitzen und Tannenzapfen naschen kann." Edward streckte den Kopf aus dem Kobel.
„Ohhhhhh....Tannenzapfen!"

Wenig später saßen die beiden Freunde zusammen in der Küche. Das Holz aus dem Wagen hatten sie zum Trocknen neben den Ofen gelegt. Fredi hatte im Ofen ein neues Feuer entfacht. Sie lachten noch ein bisschen, tranken einen Gute-Nacht-Tee und knabberten ein paar Zapfen, ehe sie sich später am Abend müde schlafen legten. Bevor Fredi einschlief, freute er sich darüber, einen Freund gefunden zu haben, der das große Haus mit ihm bewohnen konnte und mit dem er bestimmt noch einiges erleben würde.

~

2 - Fredi und Anton, das Pferd

Es war noch immer tiefster Winter im Sonnenwald und der Schnee bedeckte die Bäume und die große Obstwiese am Mühlenhof. Fredi und Edward verbrachten die kalten Tage damit, den Mühlenhof gründlich auf den Kopf zu stellen. Die kleine Maus kannte zwar jeden Winkel des Hofs, aber das Eichhörnchen Edward war so neugierig, dass es kaum einen Moment gab, wo es nicht herum sauste und schauen musste, was sich hinter einem Schrank, unter einem Stuhl oder sogar hinter einem Bild an der Wand verbarg. Fredi machte es ebenfalls große Freude den Hof neu zu entdecken. Wahrscheinlich war er einfach angesteckt worden von der Neugier des Eichkaters.

Sie flitzten hinüber in den Stall, wo noch allerlei altes Stroh herumlag. Große unhandliche Mistgabeln hingen an der Wand, auf dem Boden lag ein schwerer Reisigbesen und direkt daneben eine breite Schaufel. Eine Leiter hing an der Wand und auf der Leiter lag ein verlassenes Vogelnest. „Fredi, sieh mal. Du hattest hier schon Mitbewohner." Edward zeigte grinsend auf das Nest. „Das muss lange her sein“, sagte Fredi. „Aber die haben sich niemals vorgestellt.“ Die beiden Freunde kicherten und sprangen auf die Schaufel. Als beide auf der Schaufel landeten, schaukelte sie ein wenig. „Wir müssen höher hüpfen!“, rief das Eichhörnchen. Und dann sprangen sie, so hoch sie konnten. Die große Schaufel schepperte ordentlich, während sie immer wieder hoch hüpften. Gerade kamen sie richtig in Fahrt, da kippte die Schaufel zur Seite und sie fielen ins alte Stroh. Da mussten sie laut lachen, denn jeder von ihnen hatte eine Portion Stroh auf dem Kopf. „Du hast einen albernen Hut auf dem Kopf!“, lachte Edward. „Deiner sieht aber auch komisch aus!“, gab Fredi prustend zurück.

Eine Weile lang tobten die beiden vergnügt im Stall, bis sie sich eine kurze Pause nahmen. Erschöpft fielen sie ins Stroh. Fredi starrte an die Deckenbalken des Stalls. „Edward?!“ Das Eichhörnchen wandte sich zu ihm um. „Ja?“ „Weißt du was?“ „Ja?“ Die kleine Maus holte tief Luft. „Irgendwie ist das schon schöner, wenn jemand hier wohnt, finde ich. Also ich finde das toll, dass du jetzt mit mir hier wohnst. Zu zweit ist das viel lustiger und macht einfach mehr Spaß.“ Edward nickte heftig und fuchtelte mit dem Zeigefinger in der Luft herum. „Und außerdem...“, sagte er aufgeregt. „Und außerdem braucht man jemanden, der mit einem spielt..., sonst kann man ja gar nicht spielen und toben.“ Fredi stimmte ihm zu. Dann kniff er nachdenklich die Augen zusammen und fragte seinen Freund: „Sag mal, Edward? Glaubst du, dass es hier noch schöner wird, wenn wir noch jemanden finden, der hier mit uns zusammen leben möchte?“ Mit einem Ruck setzte sich Edward auf. Er schaute mit großen Augen zu der kleinen Maus. „Na, aber mit Sicherheit! Also..., solange es kein Fuchs ist..., denke ich..., oder kein Wolf.“ Jetzt setzte sich Fredi auch wieder auf und guckte zu Edward. „Dann sollten wir uns aufmachen und schauen, ob wir jemanden finden, der hier mit uns leben möchte!“ „Auja!“ Das Eichhörnchen sprang begeistert auf, hielt kurz inne und sagte dann zögerlich: „Also…, ja, gerne…, aber wie gesagt, keinen Wolf und keinen Fuchs. Und keine Eulen. Eulen sind sehr gefährlich. Oder Falken, Adler und …“ Er musste kurz überlegen. „Marder…, ich glaube Marder sind auch gefährlich. Außerdem hat mir mal meine Cousine gesagt, dass Löwen und Tiger die gefährlichsten Tiere von allen sind.“ Fredi schaute ihn fragend an. „Löwen und Tiger? Also ich denke, du brauchst dir wegen Löwen und Tigern keine Sorgen machen. Die wohnen sehr, sehr weit weg.“ „Gut, gut“, stotterte Edward aufgeregt. „Dann mache ich mir erst einmal keine Sorgen.“

Und so beschlossen die beiden, auf die Suche nach Freunden zu gehen, die zusammen mit ihnen den Mühlenhof bewohnen und mit ihnen spielen würden. Noch am selben Tag schnappten sie den kleinen Handwagen und zogen los. Denn, da waren sich beide einig: Wenn man schon auf eine Suche geht, dann braucht man auch etwas, wo man Dinge, die man findet, reinlegen kann. Und wo, wenn nicht im Wald, gibt es immer etwas zu finden? Sei es

Futter, Brennholz oder einfach nur schöne Dinge zum Basteln?

Die beiden waren gerade an der Weggabelung im Wald angelangt, wo es tiefer in den Wald, ins Dorf der Menschen oder zum Mühlenhof ging, da hörten sie aus der Ferne ein leises Klingeln. „Was ist denn das für ein Geräusch?“ Fredi kratzte sich kurz und spielte mit seinen Barthaaren. „Ich glaube, dass könnte eine Kutsche sein.“ Sie starrten den Weg entlang, konnten aber noch nichts sehen. „Fredi, wir sollten uns besser verstecken. Man weiß ja nie.“ Die kleine Maus nickte ihm zu und die Freunde versteckten sich hinter einem großen Wegweiserstein, wo in großen Buchstaben ‚Mühlenhof‘ eingraviert worden war. Dort warteten sie. Fredi reckte den Hals empor und behielt den Weg im Auge. „Mach dich klein!“, zischte Edward aufgeregt. Fredi legte den Finger auf die Lippen und machte nur „Psssst!“. Er wollte wissen, was da den Weg hochkam. Sein Freund jammerte leise. „Hoffentlich ist das nichts gefährliches..., oder ein Wolf mit einer

Glocke um den Hals!“ Plötzlich sah die kleine Maus, was dort den Weg gelaufen kam. Es war kein Wolf, weder mit noch ohne Glöckchen. „Komm mit, du Angst-Hörnchen.“ Er nahm Edward bei der Hand und zog ihn hoch. „Da, schau. Der sieht nicht sehr gefährlich aus.“ Edward sah ein großes Pferd auf dem Weg in ihre Richtung laufen. Zuerst sprang Fredi auf den Weg, dann hüpfte auch der Eichkater erleichtert hinterher. „Puh...“, machte er. „Der hat mir aber Angst gemacht mit seinen Glöckchen!“

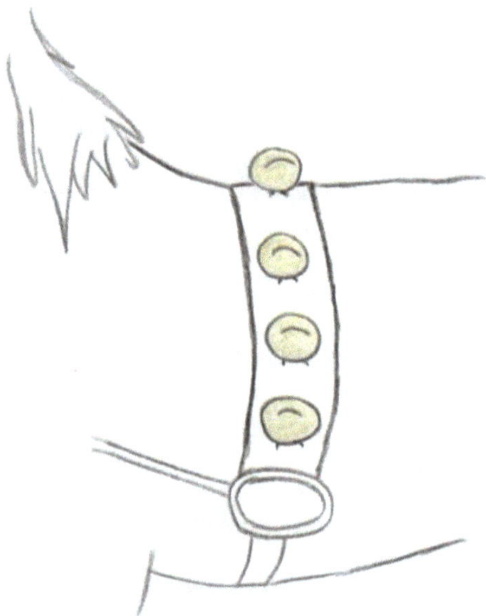

Als das große Tier dichter an die beiden herangekommen war, blickte es verwundert auf Fredi und Edward herab. „Hallo du!“, rief Fredi ihm freundlich zu. „Tag!“, warf Edward dem verdutzten Pferd entgegen. „Nanu? Was seid ihr denn für zwei?“ „Ich bin Fredi und das ist mein Freund Edward.“ Er legte den Arm um seinen Freund, woraufhin sich das Eichhörnchen streckte und nickte. „So. Eine Maus und ein Eichhörnchen. Ich heiße Anton.“ Das Pferd brummte nachdenklich. „Müsstest du nicht eigentlich Winterschlaf halten? Und du? Müsstest du nicht eigentlich in einem warmen Haus sein?“ Fredi lächelte. „Eigentlich ja. Aber sein Kobel ist abgestürzt und jetzt wohnt er bei mir.“ „Jaaaaha, das stimmt!“, bekräftigte Edward stolz. Anton blickte ein wenig verwundert. „Ihr wohnt zusammen in einem Mäuseloch?“ Das Eichhörnchen winkte eilig ab. „Aber nein, nein, nein. Fredi und ich wohnen auf dem Mühlenhof.“ Er deutete den anderen Weg entlang. „Da hinten am Bach ist der. Da wohnt niemand außer uns.“ Das Pferd schnaubte kräftig. „Niemand sonst? Die Menschen sind weggezogen?“ „Ja, ja. Niemand sonst.“ Fredi hüpfte ein kleines Stück vor. „Und du, Anton? Was machst du denn hier im Wald? Solltest du nicht eigentlich in einem warmen Stall auf einem Hof sein?“ Edward sprang ebenfalls vor und schaute das Pferd von der Seite an. „Und was hast du da für ein komisches Geschirr um? Mit diesen urkomischen Glöckchen.“ Anton seufzte laut. „Diese Glöckchen, die machen mich noch wahnsinnig. Die wurden mir auf den Rücken geschnallt. Genau an die Stelle, wo ich nicht selber rankomme.“ Er schüttelte sich kräftig, so dass es laut und schrill klingelte. „Die sollte ich bei der Arbeit tragen. Ich helfe eigentlich den Holzfällern im Hohenforst bei ihrer Arbeit und ziehe die Stämme der gefällten Bäume aus dem Wald.“ Edward staunte. „Ooooooh! So stark bist du?“ Fredi dachte nach und fragte Anton schließlich: „Aus dem Hohenforst? Dann bist du aber weit gelaufen.“ Das Pferd stimmte ihm zu. „Fast drei Tage. Und auch wenn ich ein Kaltblut bin, geht mir die Kälte mittlerweile bis auf die

Knochen. Und ich habe Hunger." „Warum bist du denn weggelaufen?" „Das ist einfach zu erklären. Die Arbeit ist mir viel zu schwer geworden. Und auch viel zu viel. Es gab Zeiten, da haben wir zu zweit Stämme herausgezerrt. Das war noch ganz in Ordnung. Aber nun sollte ich das nur noch alleine machen. Das hält keiner lange aus. Da bin ich eben fortgelaufen." „Das kann ich verstehen", sagte Fredi. „Willst du vielleicht mit zu uns kommen? Wir haben auf dem Hof sogar einen Stall." Anton überlegte nicht lange. „Das würde ich gerne. Einen Ort zur Erholung könnte ich brauchen. Habt ihr vielleicht sogar noch etwas zu essen?" Die kleine Maus nickte. „Erst einmal gibt es einen heißen Tee, dann haben wir noch Brot und sogar Nüsse. Ich habe auch noch etliche Äpfel von der Obstwiese im Haus." Das Pferd schlug vor Freude die Hufe zusammen. „Das hört sich unglaublich gut an!" Edward sprang auf Antons Rücken und schaute sich die Glöckchen an. „He, die sind nur angebunden. Soll ich die abmachen?" Das Pferd riss die Augen weit auf.

„Ja! Bitte! Seit Tagen liegt mir dieses Geklingel in den Ohren!“ Edward kletterte Anton auf den Kopf und blickte ihm in die Augen. „Daaaarf ich die Glöckchen dann bitte haben?“ Anton nickte so heftig, dass Edward fast herunterfiel. „Das darfst du! Nur, mach die Dinger bitte ab!“ Eilig flitzte das Eichhörnchen zu den Glöckchen zurück und löste in Nullkommanichts den Knoten. Triumphierend hielt es die Glöckchen hoch und sprang zurück auf den Boden. Edward hatte seine helle Freude damit, sie klingen zu lassen und hüpfte begeistert auf und ab. Fredi aber sah nur, wie Anton die Augen mit einem zerknirschten Gesichtsausdruck zukniff.
„Edward, willst du schon mal zurückrennen zum Hof und ganz schnell Feuer machen, damit wir uns Tee machen können?“ „Auja! Tee. Und dann zeigen wir Anton seinen Stall, ja?“ „Klar!“ „Juchuuu!“ Freudig sprang das Eichhörnchen den Weg entlang in Richtung Mühlenhof.
„Danke“, sagte Anton erleichtert. „Mit ein bisschen Abstand kann ich die Glöckchen bestimmt wieder ertragen, aber jetzt bin ich

froh, wenn ich mal ein paar Minuten kein Geklingel in den Ohren habe.“ Fredi kicherte. „Das glaube ich gern.“ Zusammen gingen sie zurück zum Mühlenhof, natürlich mit einer gewissen Entfernung zu Edward, der mit den Glöckchen schon einen guten Vorsprung herausgehüpft hatte.

Nachdem Anton, Edward und Fredi einen heißen Tee getrunken und etwas Obst und Nüsse gegessen hatten, liefen sie zum Stall herüber. Feierlich öffnete Edward die obere Stalltür. „Schau! Schau!“, sagte er verheißungsvoll. Anton blickte über die schief hängende Stallklappe hinweg. Es lagen verschiedene Geräte herum, Fensterläden lagen teilweise kaputt, teilweise noch brauchbar vor den Fenstern. Spinnenweben und jede Menge Dreck waren dabei das kleinste Problem. Es gab im Stall zwei große Pferdeboxen. Eine davon schien noch recht in Ordnung zu sein. Bei der zweiten Box war eine Seite halb offen und abgebrochen. „Hmmmm…“, machte Anton und öffnete die untere Stalltür. Er ging in den Stall hinein und sah sich genauer um. Nebenbei legte er sein Geschirr ab und hing es an einen Haken an der Wand, der sich sofort löste. Das Geschirr fiel auf den Boden. „Hmmmm…“, machte er wieder und hob sein Geschirr auf. Er probierte es an einem anderen Haken in der Wand nochmal. Diesmal blieb der Haken in der Wand. „Aha. Der hält wohl.“ Anton verschränkte die Hufe. „Ich würde mal sagen…“ Er schnaubte lange aus. „Hier gibt es einiges zu tun. Meint ihr, den Stall kriegen wir wieder sauber und repariert?“ Fredi stemmte selbstsicher die Hände in die Hüften und nickte. „Den Käse kriegen wir schon gerollt!“ Das Pferd schaute ihn fragend an. „Welchen Käse?“ Edward stemmte die Hände nun auch in die Hüften. „Na, das sagt man halt so als Maus!“ „Ich verstehe.“ „Und solange der Stall nicht fertig ist, wohnst du natürlich bei uns mit im Haus.“ Fredi blickte Anton erwartungsvoll an. Das Pferd lächelte erleichtert. „Das klingt toll. Abgemacht.“ Edward sprang auf die Pferdebox. „Das heißt du bleibst?“ Anton musste lachen. „Ja, sehr gerne. Es scheinen hier auf jeden Fall nette Tiere zu hausen. Und wenn ihr das auch wollt, dann werde ich bleiben."

Am Ende des Tages saßen nun drei Freunde zusammen am offenen Feuer auf der Diele des Wohnhauses, tranken noch einen Gute-Nacht-Tee und spielten eine Runde Karten. Fredi war überglücklich, dass Anton sich entschieden hatte, auf dem Mühlenhof zu bleiben. Und er hatte gelernt, dass man Freunde nicht immer suchen muss. Manche Freunde kommen einem einfach entgegengelaufen.

~

3 - Fredi und Lila, das Kätzchen

Der Winter im Sonnenwald ging langsam zu Ende und die frostigen Temperaturen wurden seltener. Der Mühlenbach war vom Tauwasser der angrenzenden Berge gut gefüllt und rauschte schnell und tosend vorbei. Doch der Schnee auf dem Mühlenhof war noch nicht ganz getaut. Fredi lief an diesem Morgen mit roten Gummistiefeln über den Hof zu Antons Stall. Anton, das Pferd, war schon wach und rieb sich den Rücken. „Guten Morgen, Anton. Ich wollte dich fragen, ob du schon wach bist." „Ja, wach bin ich schon. Aber geschlafen habe ich gar nicht gut." Fredi kletterte auf den alten Futtertrog im Stall. „Wieso das denn? Hast du schlecht geträumt?" Das Pferd schüttelte den Kopf. „Das ist es nicht. Mein Rücken tut weh, weil ich im Schlaf das Stroh zerwühlt habe und dann nur noch auf dem Boden lag." Die kleine Maus wusste sofort, wen man in so einem Fall fragen konnte. „Ich verstehe. Wie gut, dass wir hier auf dem Hof ein echten Polsterer haben." Anton kam zu Fredi herüber. „Einen Polsterer? Was bitte, soll das denn sein?" Fredi kletterte auf

Antons Rücken. „Das…“ Er machte eine kurze Pause. „Das wird er dir mit Freuden höchstpersönlich und ganz ausführlich selbst erzählen.“

Edward, das Eichhörnchen ließ sich kurz erklären, was Antons Problem war und schon war ihm klar, was er zu tun hatte. Nachdem er dem Pferd ausschweifend über das Handwerk des Polsterers berichtet hatte und Anton stolz seinen Kobel gezeigt hatte, kam der Eichkater sofort zum Punkt. „Wir brauchen Stoff, wo wir das Stroh und anderes Zeug hineintun können. Ein paar Säcke oder etwas ähnliches. Heu, jede Menge Heu. Federn wären natürlich besser, aber sowas gibt’s hier ja nicht.“ Nachdenklich flitzte das Eichhörnchen umher und kratzte sich gelegentlich am Kinn. „Im Stall liegen doch noch alte Futtersäcke, oder?“ Fredi nickte. „Da liegen ganz viele Säcke herum.“ „Gut, gut“, freute sich Edward. „Faden…“, murmelte er. „In dem kleinen Haus da, das mit den ganzen Geräten, da habe ich doch einen dicken Faden gesehen. Den brauche ich. Und einen Nagel. Das sollte gehen.“

Er machte eine kurze Gedankenpause. „Ja. Ich mache hier schließlich keine Decke für Kleintiere. Für so einen großen Kerl, darf es auch etwas gröber sein.“ Anton und Fredi wollten die Gedanken des Eichhörnchens nicht stören und unterbrachen ihn deshalb nicht. Sie beobachteten ihn einfach nur solange, bis Edward wie selbstverständlich seinen Schal umlegte und murmelnd nach draußen verschwand. Fredi blickte ihm durch das Fenster hinterher. „Hm..., ich bin gespannt was er vorhat.“

Anton und Fredi tranken erst einmal einen warmen Kakao und frühstückten gemütlich. Zusammen überlegten die beiden, wie man sich für den kommenden Winter Vorräte anlegen könnte, damit immer etwas Gutes zu Essen im Haus ist. Denn bisher hatte Fredi allein auf dem Hof gelebt und kam mit seinem Futter gut zurecht. Aber nun waren sie zu dritt und im nächsten Winter würden die bisherigen Vorräte wohl nicht ausreichen. „Wir könnten doch einfach aus einem Teil der Wiese ein

Gemüsebeet machen", schlug Fredi vor. „Natürlich. Die Wiese ist riesig, und die Obstbäume stehen ja nur im hinteren Teil. Vorne kann man eine Menge umgraben. Und wenn der Platz reicht, könnten wir sogar Getreide aussäen." Sogleich fingen sie an sich vorzustellen, wie der Gemüsegarten aussehen sollte. Möhren in der ersten Reihe, Erbsen dazu, Radieschen, Bohnen, Kartoffeln, viele Kartoffeln. Dazu noch verschiedene Kohlsorten. Anton hatte einiges auf dem Hof, wo er einst lebte über Pflanzen gelernt, denn auch der Hof des Holzfällers hatte einen Gemüsegarten gehabt. „Tomaten, die sind lecker. Aber, die pflanzt man besser da, wo sie keinen Regen abbekommen." Fredi war ein wenig verwirrt. „Keinen Regen? Die vertrocknen dann doch!" „Na gießen muss man die schon. Aber die mögen keinen Regen." „Aha. Na gut." Fredi war sichtlich beeindruckt über Antons Wissen über die Gemüsepflanzen. Und als sie dann wieder über die verschiedenen Getreidesorten sprachen, die sie ins Feld säen wollten, kamen sie auf den Gedanken, auch

Mehl zu mahlen aus dem Getreide. Die Frage, die sich nun stellte, war natürlich: „Funktioniert die alte Mühle am Wasser eigentlich noch?“

Als Fredi mit Anton über den Hof ging, stand die Tür vom Stall offen und sie hörten ein zufriedenes Summen und Singen. Edward war eifrig dabei, die Futtersäcke mit allem möglichen zu füllen, was er als ein gutes Kissenmaterial betrachtete. Er hatte sichtlich Spaß dabei und bemerkte die kleine Maus und das Pferd überhaupt nicht, als sie vorsichtig in den Stall blickten. Fredi flüsterte dem Pferd leise ins Ohr: „Edward hat wohl Freude an seiner Arbeit. Gehen wir besser zur Mühle und stören ihn nicht.“ So gingen die beiden zur alten Wassermühle hinüber. Die alte Eichentür ließ sich nur schwer und knarrend öffnen. Als das Licht durch die offene Tür, auf den hölzernen Dielenboden hereinfiel, sahen die beiden sofort eine dicke, dicke Staubschicht. „Hier hat auch niemand in den letzten Jahren sauber gemacht“, sagte Anton leise. Fredi stimmte ihm zu. „So staubig, dass man drin versinken könnte. Aber das ist ja kein Problem. Sauber machen können wir ja ganz gut." Er dachte dabei an Antons Stall, den die drei im Nu wieder in einen ordentlichen, gemütlichen Zustand gebracht hatten.

Die beiden traten ein in das Mühlenhaus und öffneten alle Fensterläden. Die Fenster waren durch die schweren Läden gut geschützt gewesen und allesamt noch heile. Als das Licht von allen Seiten hereinkonnte, erkannten die beiden den großen Mühlstein in der Mitte der Mühle.

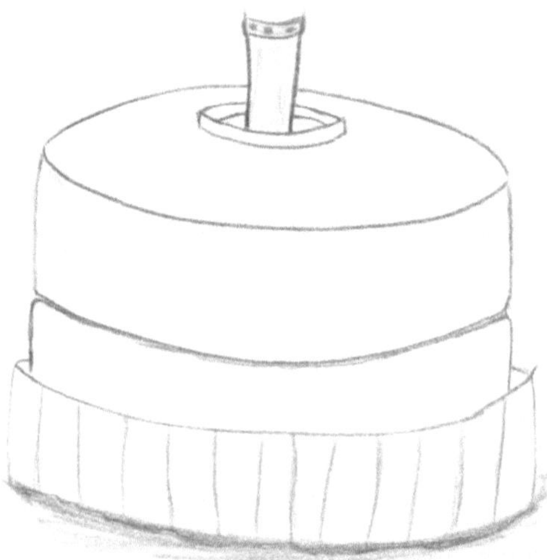

„Der ist ja riesig“, staunte Anton. Fredi war vor langer Zeit schon einmal in der Mühle gewesen, aber er hatte den Stein noch nicht im Licht gesehen. „Der muss ja wirklich unglaublich schwer sein.“

„Schau mal, da hinten geht es bestimmt zum Mühlrad nach draußen. Irgendwo muss da auch etwas sein, womit man das Rad lösen kann.“ Anton lief vor zum Mühlrad, das ruhig im Bach hing und vom Wasser leicht umspült wurde. Fredi sprang hinterher. „Das sieht eigentlich noch ganz gut aus. Was meinst du?“ Das Pferd schaute sich um. „Ich würde auch sagen, es sieht gut aus. Nur, wie bringen wir es in Bewegung? Irgendwo muss etwas sein, was das Rad anhält.“ Es dauerte nicht lange, bis Fredi auf einen langen Hebel im Boden zeigte. „Das muss es sein, oder?“ Anton kam zu ihm gelaufen und nickte. „Das ist es ganz sicher.“ Er zog kräftig daran und nach einem lauten Knarren, einem Ächzen und einem Rasseln begann das Rad sich langsam und gemächlich zu drehen. Drinnen hörte man ein mahlendes, kratzendes Geräusch und als die beiden in die Mühle blickten, drehte sich der Mahlstein tatsächlich. „Sie läuft!“, rief Fredi begeistert. „Die alte Mühle läuft und mahlt!“ Er machte einen Luftsprung und verlor beinahe die Gummistiefel dabei. Plötzlich knackte es hinter ihnen und sie sahen, wie ein Schaufelbrett zerbrach. Teilweise waren die Schaufelbretter wohl über die Jahre morsch und brüchig geworden. Gleich darauf brach ein weiteres unter der Kraft des Wassers entzwei. „Ich glaube, da müssen wir noch ein paar Bretter ausbessern“, schlug Anton vor, während ein drittes Brett am Mühlrad zerbrach. Das Pferd legte den Hebel erneut um und das Rad hielt an. Auch der Mahlstein stoppte. Fredi kratzte sich am Kinn. „Hm. Da müssen wir uns was überlegen. Vielleicht liegt hier noch irgendwo das ein oder andere Brett herum?“ Anton und Fredi schauten sich genauer in der Mühle um. Und tatsächlich, als sie die Treppe nach oben auf den Dachboden gingen, fanden sie ein paar lange Bohlenbretter. „Die sind zwar zu lang, aber in der Werkstatt hängt eine Säge.“

Gerade wollten sie zur Werkstatt gehen und nachsehen, da hörten sie jemanden rufen. „Hilfe!“ Der Hilferuf kam vom Wasser her. „Hilfe! Hört mich jemand!“ Fredi und Anton blickten sich kurz an und liefen wieder zum Mühlenrad nach draußen an den Bach. „Ihr da! Helft mir bitte, schnell!“ Erst wussten die beiden überhaupt nicht, woher der Hilferuf kam, aber dann, in einiger Entfernung, erkannten sie eine kleine Katze, die auf einem Stück Holz den Bach herunter trieb. Sie musste sehr gute Augen haben, denn hätte sie nicht gerufen, hätten Fredi und Anton sie bestimmt nicht gesehen. „Oha, na das sieht aber sehr gefährlich aus“, sagte Fredi nachdenklich. Die Katze trieb in der Mitte des Bachs auf die Mühle zu. „Keine Angst, wir helfen dir!“, rief die kleine Maus, so laut sie konnte. Anton überlegte laut. „Ein Seil wäre gut, aber haben wir eins?“ Fredi zuckte mit den Schultern. „Das müssten wir suchen und so viel Zeit haben wir nicht.“ Dann schnippte er mit den Fingern. „Die Holzbohlen. Kannst du so eine anheben und halten? Also ins Wasser? Da könnte sie draufspringen." „Gute Idee", sagte Anton und lief schnell auf den Dachboden der Mühle. Mit einer langen Holzbohle unter dem Arm kam er zurück. „Damit kommen wir weit genug in den Bach." Er hielt das Brett über das Wasser. Die Katze war mittlerweile nah herangekommen. Es fehlten nur noch wenige Meter, dann würde sie das Brett erreichen. Plötzlich kam Edward angerannt. „Hier seid ihr. Habt ihr das Rufen auch gehört? Ich glaub da braucht jemand.... Ach herrje!!" Das Eichhörnchen hielt sich die Hände vor den Mund. „Das ist aber gefährlich. Nicht ins Wasser fallen!", schrie er der Katze zu, die sich mit allen Krallen im Holz festklammerte.

Fredi flitzte zu Anton und kletterte auf seinen Rücken. Das Pferd wankte leicht mit jedem neuen Schwung Wasser, der gegen das Brett drückte. „Gar nicht so leicht, wie ich dachte." Doch jetzt war die Katze auf ihrem Stück Holz angekommen. Mit einem leichten Ruck drückte ihr Holzstück gegen das Brett. „Juchu!", jubelte Fredi. „Jetzt spring auf das Brett!" Doch die Katze schüttelte den Kopf. „Ich kann nicht. Ich lasse das Holz nicht los." Edward sprang auch zu

Fredi und Anton. „Wieso nicht?“, fragte er das zitternde Tier. „Ich habe Angst, dass ich reinfalle!“ „Ja, das kann ich verstehen“, sagte der Eichkater mitfühlend. „Du musst aber.“ Sie schüttelte weiterhin den Kopf. „Dann müssen wir wohl zu dir kommen.“ „Ja, das müssen wir wohl“, stimmte Edward zu. Dann schaute er Fredi mit großen Augen an. „Müssen wir das?“ „Ja, müssen wir.“ „Und was ist, wenn wir ins Wasser fallen?“ „Werden wir nicht.“ Anton brummte die beiden an. „Würdet ihr euch bitte beeilen. Lange halte ich das Brett hier nicht mehr im Wasser.“ Fredi kletterte zuerst aufs Brett. „Und du kannst uns auch halten?“ „Ich kann euch drei länger auf dem Brett halten, als das ganze Wasser, was gegen das Brett drückt, ja.“ Fredi winkte Edward zu. „Na gut. Retten wir das Kätzchen. Ich komme ja mit.“ Die kleine Maus und der Eichkater balancierten über das Brett in die Mitte des Bachs. Die Katze sah aus der Nähe jämmerlich aus. Zitternd und durchnässt krallten sich ihre Pfoten in das nasse Holz. „Gib mir eine Pfote!“, rief Fredi. „Und mir die andere!“ Fredi und Edward streckten sich und hielten ihr beide Hände entgegen. Noch immer schüttelte sich das verunsicherte Tier. Also streckten sich die beiden noch mehr. Als jeder von ihnen eine Pfote umklammern konnte, sagte Fredi leise: „Du musst jetzt deine Krallen einziehen. Lass das Holz los. Wir halten dich ganz fest und Anton zieht uns dann an Land.“ Unsicher blickte die Katze der kleinen Maus ins Gesicht. „Ich trau mich nicht.“ Fredi umfasste ihre Pfote noch stärker. „Keine Angst. Den Käse kriegen wir schon gerollt.“ Während die Katze ihn fragend anschaute, rollte Edward mit den Augen. „Er meint, dass wir das zusammen schon schaffen.“ „Vertrau uns einfach. Und nachher gehen wir dann ins Warme und trinken einen Tee.“ Die kleine Katze kniff die Augen zusammen und tatsächlich zog sie langsam die Krallen ein. Mit einem Ruck hob Anton das Brett hoch und legte es vorsichtig an Land auf den Holzboden der Mühle. „Puh.“ Er streckte sich. „Das nächste Mal beeilt euch bitte. Das war wirklich schwer.“ Fredi lachte. „Na ich hoffe doch, dass wir das nicht so schnell nochmal machen müssen. Wie heißt du denn eigentlich?" Erschöpft schaute das kleine Kätzchen auf. „Lila. Ich bin Lila."

Zusammen gingen die vier zurück in das große Haus und wärmten sich erstmal am Ofen mit einer Tasse Tee auf, wobei Lila sich für eine warme Tasse Milch entschied. „Ich wollte eigentlich über den Bach laufen auf einem Ast, der über dem Wasser hing. Der war aber so nass, dass ich abgerutscht und in den Bach gefallen bin. Zu meinem Glück konnte ich auf ein Stück Holz klettern und mich festhalten." Edward blickte sie wichtig an. „Das hätte ganz böse enden können, Kätzchen. Das Klettern auf Bäume überlässt du mal besser denen, die sich damit hervorragend auskennen." Fredi lachte. „Der Herr Eichkater. Niemand kann besser klettern als Edward." Das Eichhörnchen nickte heftig. „Und Lila, wo wohnst du?" Die kleine Katze blickte zu Boden. „Eigentlich hab ich kein richtiges Zuhause mehr. Die Menschen, bei denen ich die erste Zeit lebte, sind weggezogen und haben mich in den Wald gesetzt." „Das ist aber gar nicht schön." Anton schüttelte den Kopf. Edward aber sprang auf und klatschte in die Hände. „Stimmt! Aber jetzt habe ich drei Freunde hier, die mir helfen können ein Kissen für unsere neue Mitbewohnerin zu machen." Anton und Fredi lächelten. Lila schaute das Eichhörnchen fragend an. „Na, falls du möchtest, darfst du gerne hier bleiben. Dann müsste ich aber noch einen Schlafplatz für dich machen. Weißt du, ich bin nämlich Polsterer." Unsicher blickte Lila zu Anton und Fredi. „Möchtest du hier bei uns bleiben?" Sie überlegte nicht lange. „Sehr gerne", sagte sie freudig überrascht. „Na dann, trinkt aus. Es gibt Arbeit!" Edward trank seinen restlichen Tee in einem Zug aus und eilte zur Tür. „Ich geh schon mal vor."

Als später am Abend der Mühlenhof in Dunkelheit gehüllt wurde, waren es nun vier Tiere auf der Diele im großen Haus. Lila lag erschöpft und glücklich auf einem hervorragend aufgepolsterten Futtersack direkt neben dem Ofen. Anton, Fredi und Edward spielten ein

Würfelspiel. Das laute Würfelgeräusch störte die Katze kein bisschen, denn bei jedem Wurf und bei jedem Lachen der anderen Tiere wusste sie sofort, dass sie jetzt nicht mehr alleine war und wieder ein Zuhause gefunden hatte.

~

4 - Fredi und Oma Moni, die alte Wildschweindame

Es war ein sehr grauer, verregneter Märzanfang, als die vier Freunde zusammen aus dem Fenster schauten. Der ganze Mühlenhof war schlammig. Die Erde war vollgesogen mit Regenwasser und wirklich gerne wollte niemand das Haus verlassen. „Bei so einem Wetter würde ich am liebsten den ganzen Tag im Stall liegen“, sagte Anton fast schläfrig. Seit Edward dem Pferd mehrere Futtersackkissen zurechtgemacht hatte, konnte Anton wieder richtig gut schlafen. Der Rücken tat morgens nicht mehr weh und er fühlte sich frisch und ausgeruht. Bis auf heute. Das anhaltende schlechte Wetter lag den vier Tieren irgendwie schwer auf dem Gemüt. Keiner hatte Lust etwas zu unternehmen. Aber es gab etwas zu tun, dass die vier schon viel zu lange vor sich hergeschoben hatten. Fredi seufzte lang und ausgiebig. „Freunde, das Wetter ist halt wie es ist. Wir brauchen immer noch die Nägel um das Mühlenrad zu reparieren.“ Ein langes Stöhnen war die Antwort. „Es hilft nichts. Wer kommt mit mir mit ins Dorf?“ Edward schüttelte sich. „Bis zum Schmied nach Glücksbach sind es doch bestimmt fast zwei Stunden. Wenn ich zwei Stunden im Regen herumlaufe sind meine Füße vollkommen aufgeweicht." Fredi schaute das Eichhörnchen verzweifelt an. „Zieh dir Gummistiefel an." „Ich will auch nicht nach draußen. Aber Fredi hat schon recht. Wir haben uns hier drinnen lange genug vor dem Regen versteckt." Lila, die kleine Katze, sprang von der Fensterbank herunter und schnappte sich einen kleinen Regenschirm. Anton stimmte ihr ebenfalls zu. „Na gut. Dann müssen wir wohl. Ich gehe eben in meinen Stall und hole die Satteltaschen. Dann brauchen wir den Handwagen nicht mitnehmen." „Danke Anton", sagte Fredi, zog sich die Gummistiefel an und setzte sich die rote Mütze auf. Edward protestierte kurz, zog sich aber dann auch an.

Der Weg war aufgeweicht und matschig. Aber als die vier Freunde erst einmal nass und dreckig waren, fanden sie Spaß an der Sache. Mit großen Sprüngen ließen Fredi und Edward den Matsch fliegen und das Wasser spritzen. Lila sträubte sich am längsten gegen die riesige

Schweinerei, die die beiden damit anstellten. Aber als Anton ein paar Mal mit den Hufen eine kleine Flutwelle aus einer Pfütze herausplatschen ließ, fing auch sie an mit den Pfoten in das dreckige Wasser zu schlagen. Es dauerte wirklich nicht lange, und die Freunde waren von oben bis unten eingematscht. Bis auf Anton. Dem reichten die Dreckspritzer nur bis zum Bauch. Als sie etwa eine Stunde unterwegs waren, kamen sie an eine besonders große Pfütze. Edward kam sofort eine alberne Idee und er schnappte sich ein großes Stück Holzrinde, warf es aufs Wasser und sprang darauf. „Rettet mich! Ich treibe umher!“, schrie er und Lila musste lachen. Sie wusste, dass er so tat, als wäre er sie. Zusammen hatten er, Fredi und Anton das Kätzchen erst vor ein paar Wochen aus dem Bach gerettet. „Warte, ich suche ein Stöckchen um dich zu retten!“, rief sie ihm zu und sprang flink in den Wald. Kurz darauf kam sie zurück. Anton und Fredi schauten sich das Schauspiel an. Die Katze ging an den Rand der Pfütze und hielt das Stöckchen zu Edward herüber. Dann aber fing sie an, ihn leicht zu piksen. „Nicht, das kitzelt! Ihihihi!" Das Eichhörnchen fing an zu kichern, dann musste es lachen und einen kurzen Moment später fiel Edward vom Holz in den Schlamm. Sein rötliches Fell war nun schwarz. Anton musste sofort laut wiehern, Fredi lachte und Lila grinste zufrieden. Der Eichkater schmollte zuerst, musste dann aber, angesteckt vom Lachen der anderen, auch lachen. Er überraschte Lila, als er zu ihr sprang und sie, schlammig wie er war, kräftig in den Arm nahm. „Danke, für die Rettung", sagte er. „Igittigitt!", rief sie, musste aber sofort weiterlachen.

Nach einer weiteren halben Stunde erreichten sie Glücksbach. Es war ein kleines, verschlafenes Dorf. „Der Schmied hat sein Haus auf der anderen Seite des Dorfs", sagte Fredi. Anton erzählte, dass er seine Hufeisen von dem Schmied hatte machen lassen und ihn daher ganz gut kannte. „Er heißt Theobald, aber alle nennen ihn nur Theo. Und er ist ein ziemlich netter Mensch." Die kleine Maus war erfreut, dass Anton den Mann so gut kannte. „Das ist ja prima, dass du den Schmied kennst. Damit wird es bestimmt etwas einfacher, ein paar Nägel für die Mühle zu bekommen.“ Anton winkte ab. „Die hättest du auch so bekommen. Er ist wirklich nett. Außerdem haben wir doch zwanzig von den Äpfeln mit eingepackt, als Bezahlung.“ „Ja, da hast du recht.“ Die vier Freunde liefen weiter durch das Dorf und schauten sich ein wenig um. Als sie über den kleinen Marktplatz mit dem Brunnen kamen, beschlossen sie, sich ein wenig zu waschen. Schließlich klebte noch immer reichlich Matsch an ihnen. Nachdem sie den gröbsten Dreck abgewaschen hatten, gingen sie weiter und standen kurz darauf vor der Schmiede. Unter dem Vordach war ein kräftiger Mann mit einem Hammer gerade damit beschäftigt ein dickes, leicht glühendes Stück Eisen platt zu schlagen. Der Mann war ähnlich verdreckt, wie die Tiere, die ihn jetzt gespannt bei der Arbeit beobachteten. Er trug eine Lederschürze, die ihn vor Hitze und Funken schützen sollte. Die Haare waren dunkelbraun.

Er blickte kurz auf, als er das Eisen in der Hand drehte und wieder auf den Amboss legte. Dann schlug er ein weiteres Mal darauf und blickte wieder auf. Dieses Mal mit einem verwirrten Gesichtsausdruck. „Was seid ihr denn für ein merkwürdiger Haufen?“, fragte er verwundert. Dann erkannte er Anton. „Anton! Du bist das. Schön dich mal wieder zu sehen.“ Er legte Hammer und Eisen zur Seite und winkte die Tiere zu sich herüber. „Kommt her, hier unter das Dach. Hier ist es zumindest trocken.“

Anton erzählte dem Schmied von der kleinen Gemeinschaft. Fredi, Edward und Lila stellten sich vor und die kleine Maus fragte den freundlichen Mann, ob er ihnen ein paar Nägel mitgeben könnte. „Wir möchten gerne die alte Mühle am Bach wieder reparieren, damit wir im Herbst selber Getreide mahlen können.“ Der Schmied horchte auf. „Ihr wohnt alle zusammen auf dem Mühlenhof? Und jetzt wollt ihr das alte Ding wieder zum Laufen bringen?“ Anton machte einen Kreis in der Luft mit dem linken Huf. „Es läuft und dreht sich sogar schon. Nur müssen wir ein paar von den Schaufelbrettern austauschen." Theo legte nachdenklich den Finger ans Kinn. „Na, das wäre jawohl was, wenn die alte Mühle wieder laufen würde." Edward sprang auf den Amboss. „Wieso?" Der Schmied hob die Hände und zuckte mit den Schultern. „Wenn jemand die Mühle wieder in Betrieb nehmen würde, dann hätte das ganze Dorf etwas davon. Im Moment bringt der alte Bauer Hagen sein Getreide bis in die Stadt und fährt damit zwei Tage. Nachts kehrt er in einem Gasthaus ein und er hat letztes Jahr schon gesagt, dass sich das nicht mehr lohnt. Und unser Bäcker müsste dann sein Mehl auch aus der Stadt holen, wenn Hagen den Hof aufgibt." Theo der Schmied ging in das Haus und holte die gewünschten Nägel. „Tut mir den Gefallen, und sagt mir bitte Bescheid, sobald ihr die Mühle wieder repariert habt. Wenn ihr nichts dagegen habt, würde ich mit dem Bauern dann sprechen und ihm davon erzählen. Er wäre sicherlich überglücklich und würde gerne bei Euch das Mehl mahlen lassen." Fredi und die anderen waren einverstanden. Als Anton dem Schmied die Äpfel geben wollte, als Bezahlung für die Nägel, winkte der nur ab. „Wenn ihr die Mühle damit repariert, dann kostet das nichts.“ Das Pferd bestand aber darauf, dass Theo zumindest einen Apfel probierte. Nachdem der Schmied einen großen Bissen genommen hatte, sagte er grinsend: „In Ordnung, die sind wirklich lecker. Ich nehme zehn davon. Ihr braucht bestimmt noch welche für den Rückweg.“

Die vier Freunde verabschiedeten sich vom Schmied und machten sich auf den Heimweg. Edward hatte zum Abschied noch eine echte große Nähnadel bekommen. Theo hatte mitbekommen, wie sehr sich das Eichhörnchen über die neuen Nägel freute, weil es damit gerne nähen würde. Und da schenkte er ihm sofort eine Nadel, die es dem nähfreudigen Eichkater erleichtern würde, Kissen, Decken oder vielleicht sogar irgendwann Hosen und Jacken zu nähen. Edward war außer sich vor Freude und summte glücklich vor sich hin, bis sie an den Waldrand kamen.

Dann hörten die vier jemanden vor sich her singen. Und das war lauter als das Summen von Edward. Zwischen dem Dorf und dem Waldrand sahen sie eine ergraute alte Wildschweindame, die mit einem hellblauen Kopftuch und einem Weidenkörbchen den schlammigen Boden absuchte und Eicheln aufsammelte. Sie war so vertieft in ihrem Treiben, dass sie die vier Tiere erst bemerkte, als Fredi sie ansprach. „Hallo!“ Sie zuckte leicht. „Huch. Habt ihr mich erschreckt!“, entfuhr es ihr. „Das tut mir leid, dass wollten wir nicht.“ „Ach, ist schon gut. Wisst ihr, ich sehe nicht mehr so gut. Sonst hätte ich euch auch schon eher bemerkt. Und gerade wenn ich dabei bin Eicheln zu sammeln, da bekomme ich meistens kaum etwas mit von dem, was um mich herum passiert.“ Edward hob eine Eichel auf und legte sie in ihren Korb. „Das kenne ich“, sagte er. „Das geht mir beim Essen immer so. Da bin ich völlig vertieft.“ Die Wildschweindame streichelte ihm kurz über den Kopf. „Na, du bist ja ein netter Eichkater.“ „Edward heiße ich. Und das da sind meine Freunde Anton, Lila und Fredi. Wir wohnen zusammen auf dem Mühlenhof am Bach.“ „Ich bin Moni. Ihr könnt mich aber auch gerne Oma Moni nennen. In meinem Alter klingt das schöner.“ Oma Moni lächelte. „Und ihr wohnt auf dem Mühlenhof? Was macht ihr denn dann hier im Dorf?“ Fredi, die kleine Maus, hüpfte vor und sammelte ebenfalls eine Eichel auf. „Wir brauchten Nägel, weil wir die Mühle reparieren wollen.“ Moni staunte. „Sowas könnt ihr?“ Anton streckte sich. „Wir verstehen etwas von Handwerk und zugegeben, so schwierig ist das auch gar nicht.“ Die Wildschweindame lächelte. „Naja. Für mich ist das nichts. Ich liebe es zu kochen. Nur leider sind meine Kinder alle längst ausgezogen und mein Mann lebt auch schon seit Jahren nicht mehr.“ „Oh, das ist schade.“ Oma Moni schüttelte den Kopf. „Ist nicht schlimm. So ist das im Leben nun mal. Aber…“, sie machte eine kurze Pause. „Wenn ihr mir beim Sammeln helft, könnte ich euch was leckeres kochen. Eine warme Eichelsuppe vielleicht?“ Fredi und die anderen nahmen die Einladung gerne an und zusammen hatten sie Oma Moni's Korb schnell gefüllt.

Sie folgten der Wildschweindame zu ihrem Zuhause. Unter einer alten Wurzel, einer umgestürzten Eiche, hatte sie sich eine Behausung gebaut. Dass sie sich eher auf das Kochen als auf handwerkliche Dinge verstand, erkannten sie sofort. Ein wackeliges windschiefes Vordach war der eigentliche Wohnbereich ihres Heims. Zum Sitzen hatte sie sich einfach einen Holzstamm herangerollt, aber sie hatte immerhin einen Topf zum Kochen, ein paar alte stumpfe Messer und einen großen Eisenlöffel zum Rühren. Die Freunde fühlten sich trotzdem wohl, weil Oma Moni fröhlich vor sich hin summte, wenn sie nicht gerade ein paar alte Geschichten aus dem Wald erzählte, während sie Eicheln kleinschnitt und Kräuter hackte. Als sie mit dem Löffel die Suppe vorsichtig probierte, hielt sie einen Moment inne und schmeckte genau nach. Dann sagte sie langsam. „Ja, ich denke die Suppe ist fertig.“ Lila streckte ihren Hals und guckte in den Topf.

„Sie riecht auf jeden Fall herrlich“, stellte sie, sich das Maul schleckend, fest. Oma Moni reichte ihr den Löffel. „Du darfst gerne anfangen. Leider habe ich nur den einen Löffel.“ Das ließ sich Lila nicht zweimal sagen und begann vorsichtig die heiße Suppe zu löffeln. Fredi allerdings fand es schade, dass die alte

Wildschweindame alleine hier im Wald wohnte und, noch bevor er etwas sagen konnte, legte Anton den Kopf schief und fragte sie: „Sag mal, Moni, wenn du so gerne kochst und doch niemanden hier hast, hast du vielleicht nicht Lust, mit zu uns zu kommen?“ Die alte Wildschweindame schaute ihn verdutzt an. „Ich? Ich weiß nicht so recht.“ Sie machte wieder eine kurze Pause. „Das würde uns freuen. Wir haben genug Platz im Haus. Sogar mehrere Stallplätze auf der Diele“, merkte Fredi an. „Hm, in meinem Alter noch einmal umziehen. Ich glaube nicht, dass das etwas für mich ist.“ Edward bekam den Löffel von Lila gereicht und sagte fast beiläufig: „Da könntest du sogar in einer richtigen Küche kochen. Die haben wir nämlich auch.“ Er probierte kurz und fügte dann fast träumerisch hinzu: „Leeeeeecker!“ Oma Moni war von der Vorstellung in einer richtigen Küche kochen zu dürfen sehr angetan. „Eine richtige Küche sagst du?“ Fredi riss die Arme nach oben: „Mit einem Ofen, der ist sooooo groß und einem Herd, der hat vier oder fünf Platten!“ Anton nahm die

Hufe so weit auseinander, wie er nur konnte. „Soooo breit ist der Herd.“ Die Augen der alten Dame schienen zu leuchten. „Das wäre schon schön.“ Lila schleckte sich etwas Suppe aus den Barthaaren. „Und wir haben da sogar Schüsseln, Teller, Messer und Gabeln und reichlich Löffel.“ „Also, wenn ihr mich im Haus haben wollt. Ich würde das schon gerne einmal sehen.“ „Wenn du deine Suppe immer so machst, dann räume ich sogar danach die Küche auf!“, rief Edward begeistert. Fredi klatschte in die Hände. „Dann ist es abgemacht. Oma Moni zieht bei uns ein und ist ab sofort die Küchenchefin.“ Alle waren damit sehr glücklich. Die alte Wildschweindame freute sich auf die neue Behausung und natürlich darüber, dass sie endlich wieder jemanden hatte, der ihre Kochkünste zu schätzen wusste. „Aber meine Sachen. Ich muss meinen Topf und mein Kochgeschirr mitnehmen.“ „Kein Problem. Wir tragen das schon.“ Oma Moni blickte zur Eichenwurzel. „Ich habe allerdings über die Zeit einen sehr großen Vorrat an Eicheln gesammelt...“, fügte sie mahnend hinzu. Fredi blickte mit einem Zwinkern zu Anton. „Keine Sorge. Den Käse kriegen wir schon gerollt.“

Noch bevor es dunkel wurde, kamen alle zusammen am Mühlenhof an. Der Regen hatte endlich aufgehört und als sie sich die Gummistiefel auszogen, die Mützen abnahmen und das Feuer in der Feuerstelle neu entfachten, kam sofort wieder ein Gefühl der Gemütlichkeit auf. Anton legte zwei große, schwere Säcke Eicheln in die Küche, welche sofort von Oma Moni begutachtet werden musste. Sie war vor Freude fast außer sich und lief wie ein kleines Mädchen in einem Spielzeugladen hin und her. Als sie die beiden Pfannen, die an der Wand hingen, entdeckte, beschloss sie sofort, Rösteicheln über dem Feuer zu braten.

Und so saßen an diesem Abend fünf Tiere um das wärmende Feuer im Haus und aßen genüsslich frisch geröstete Eicheln. Dazu trank jeder einen heißen Gute-Nacht-Tee. Nachdem Anton, Fredi, Edward und Lila noch einer Gute-

Nacht-Geschichte von Oma Moni gelauscht hatten und es dunkel geworden war, gingen die Tiere zu Bett. Jeder an seinem Schlafplatz. Die alte Wildschweindame hatte es sich in der Stallbox auf der Diele gemütlich gemacht. Und zwar in der, die dem Feuer am nächsten war. Glücklich und zufrieden schliefen sie ein und träumten von gerösteten Eicheln.

~

Was trinkt Fredi gerne zum Frühstück ?

Wie nennt man das Nest von Edward,
dem Eichhörnchen ?

Wen retten die Tiere aus dem Bach ?

Was sammelt Oma Moni in ihrem Korb ?

Wie viele Tiere leben jetzt auf dem
Mühlenhof ?

Über den Autor und die Illustratorin

Piet, eigentlich Peter, und Wenke Schulz leben zusammen mit ihren drei Kindern in der Nähe von Oldenburg. Die Idee Bücher zu schreiben wurde bereits vor Jahren aufgegriffen und auch umgesetzt. Die Idee Kinderbücher zu schreiben entstand aus dem glücklichen Umstand, ein kritisches Publikum direkt im eigenen Haus zu haben. Weswegen auch keine Geschichte veröffentlicht werden darf, wenn sie nicht für ‚schön' gehalten wird.

Und solltet Ihr die Geschichten auch schön finden, sagt es bitte weiter ☺

Fredi, die kleine Maus im großen Haus

In dieser Reihe erschienen:

Band 1 // 1 - Edward, das Eichhörnchen, 2 - Anton, das Pferd,
3 - Lila, das Kätzchen und
4 - Oma Moni, die alte Wildschweindame

Band 2 // 5 - Rudi, der Braunbär, 6 - Bernart, der Waschbär,
7 - Ida und Ina, die Hühner und 8 - Lutz, der Fuchs

Band 3 // 9 - Marie, die Schleiereule, 10 - Fiete, der Biber und
11 - Waldemar, der böse Wolf

Band 4 // 12 - Henry, der Dachs, 13 - Ella, die Kuh und
14 - Udo, der Frosch

Band 5 // 15 - Bolle, das Schaf, 16 - Bodo, der Hund und
17 - Nina, die Wildgans

Band 6 // 18 - Lennart, der Esel, 19 - Winni, der Igel und
20 - Silvi, die Elster

Band 7 // 21 - Das weihnachtliche Mühlenfest und
22 - Rashina, die Löwin

Printed in Poland
by Amazon Fulfillment
Poland Sp. z o.o., Wrocław

44164188R00047